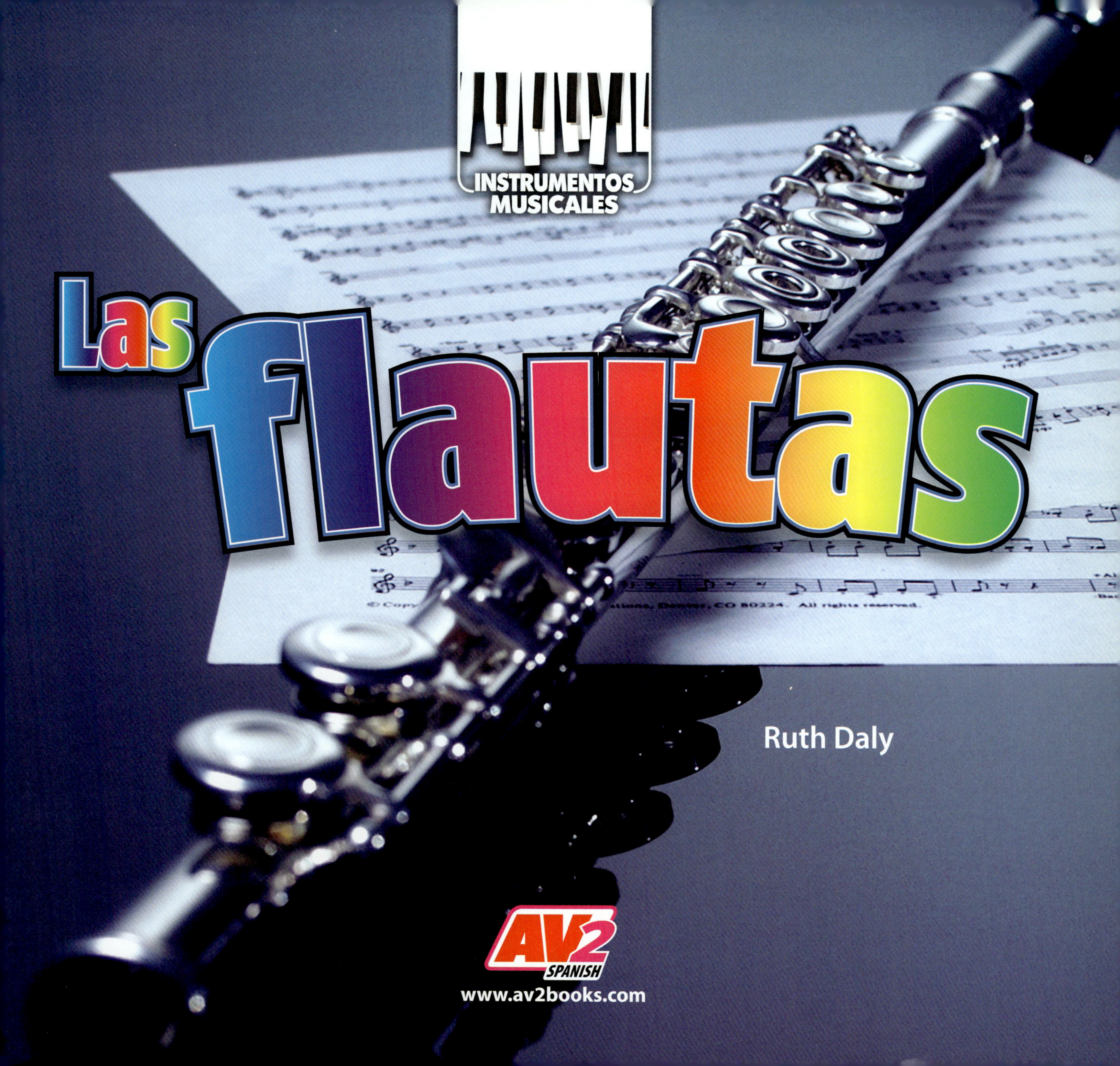

INSTRUMENTOS MUSICALES

Las flautas

Ruth Daly

AV2 SPANISH

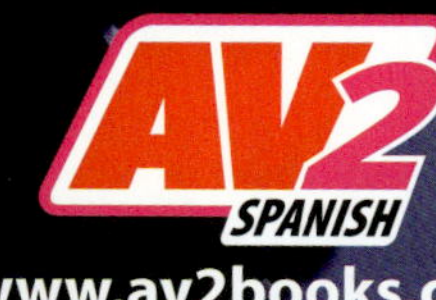

www.av2books.com

Step 1
Go to **www.av2books.com**

Step 2
Enter this unique code

AVR89376

Step 3
Explore your interactive eBook!

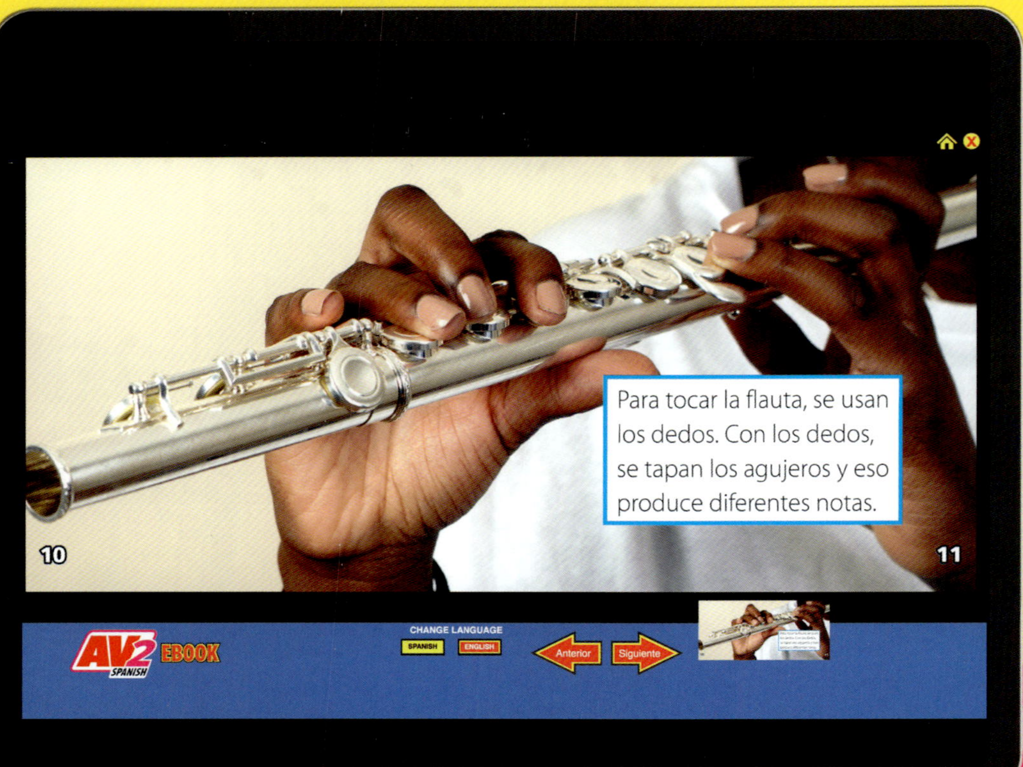

AV2 Spanish is optimized for use on any device

Media Enhanced Book
Every hardcover Spanish title comes with two free eBooks for a complete bilingual experience

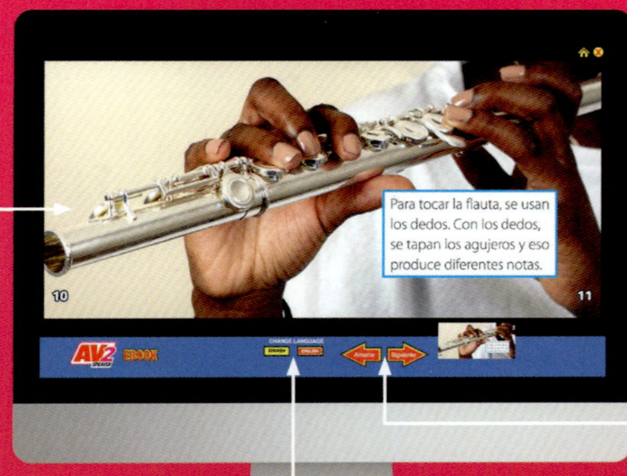

AV2 Page Controls
An intuitive design allows users to go back and forth through the pages in their selected language

Language Toggle
Users can toggle between Spanish and English to learn the vocabulary of both languages

View new titles and product videos at www.av2books.com

En este libro, aprenderás sobre

- las flautas
- qué son
- cómo se tocan
- ¡y mucho más!

4

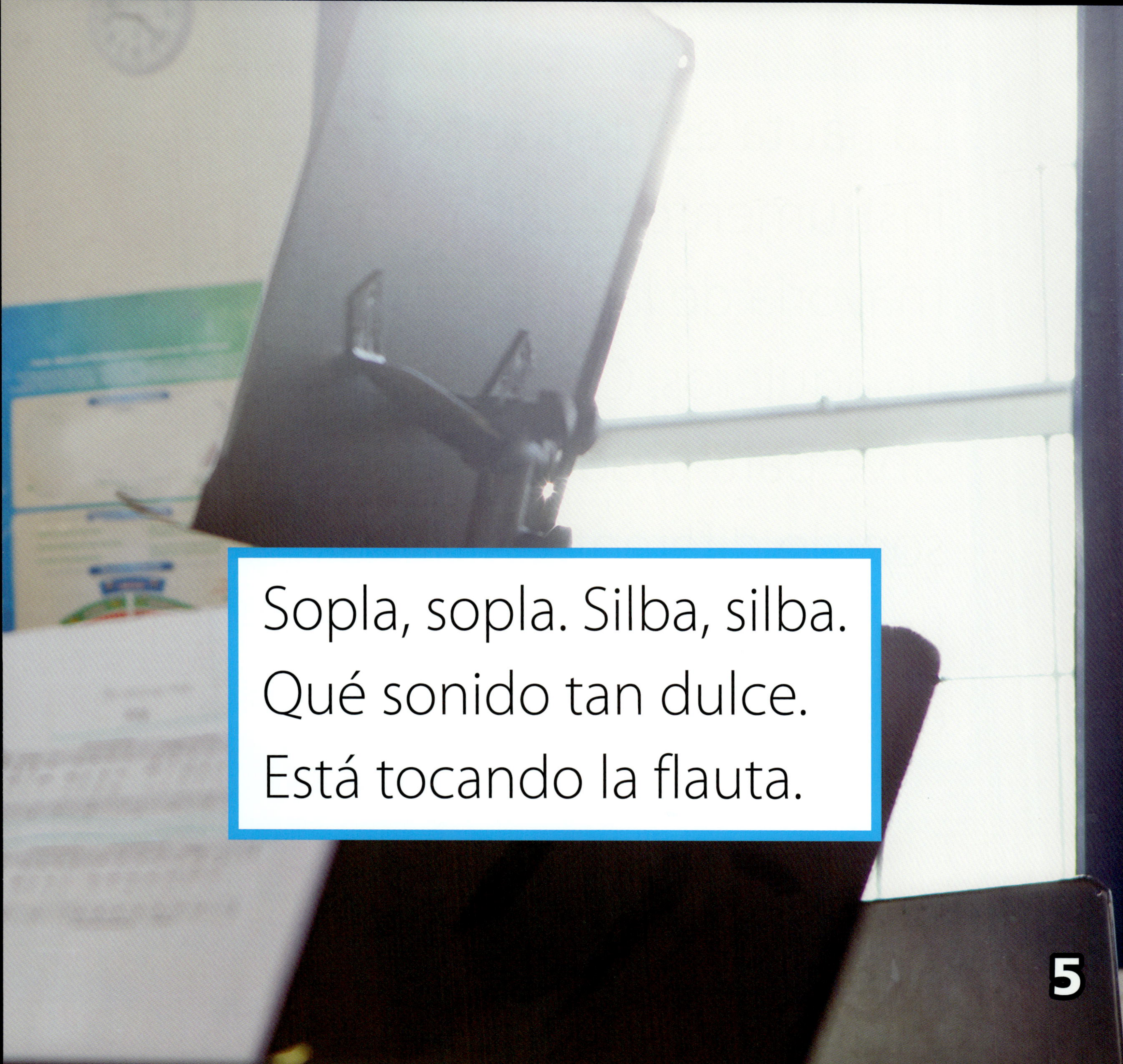

Sopla, sopla. Silba, silba.
Qué sonido tan dulce.
Está tocando la flauta.

La flauta es un tipo de instrumento musical. La mayoría de las flautas tienen 16 agujeros. Cada agujero sirve para producir un sonido diferente. Algunas flautas tienen almohadillas que tapan los agujeros.

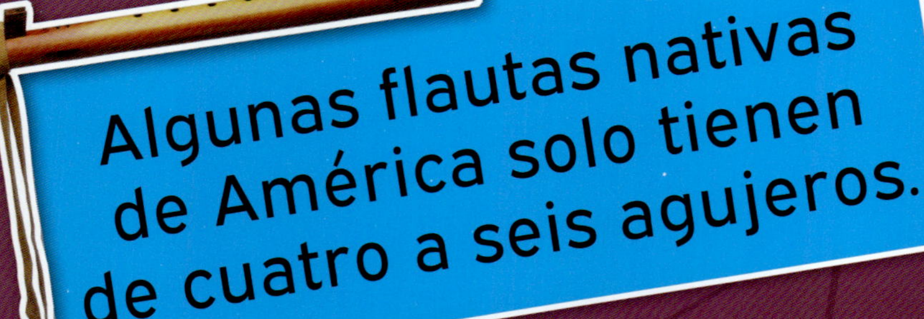

Algunas flautas nativas de América solo tienen de cuatro a seis agujeros.

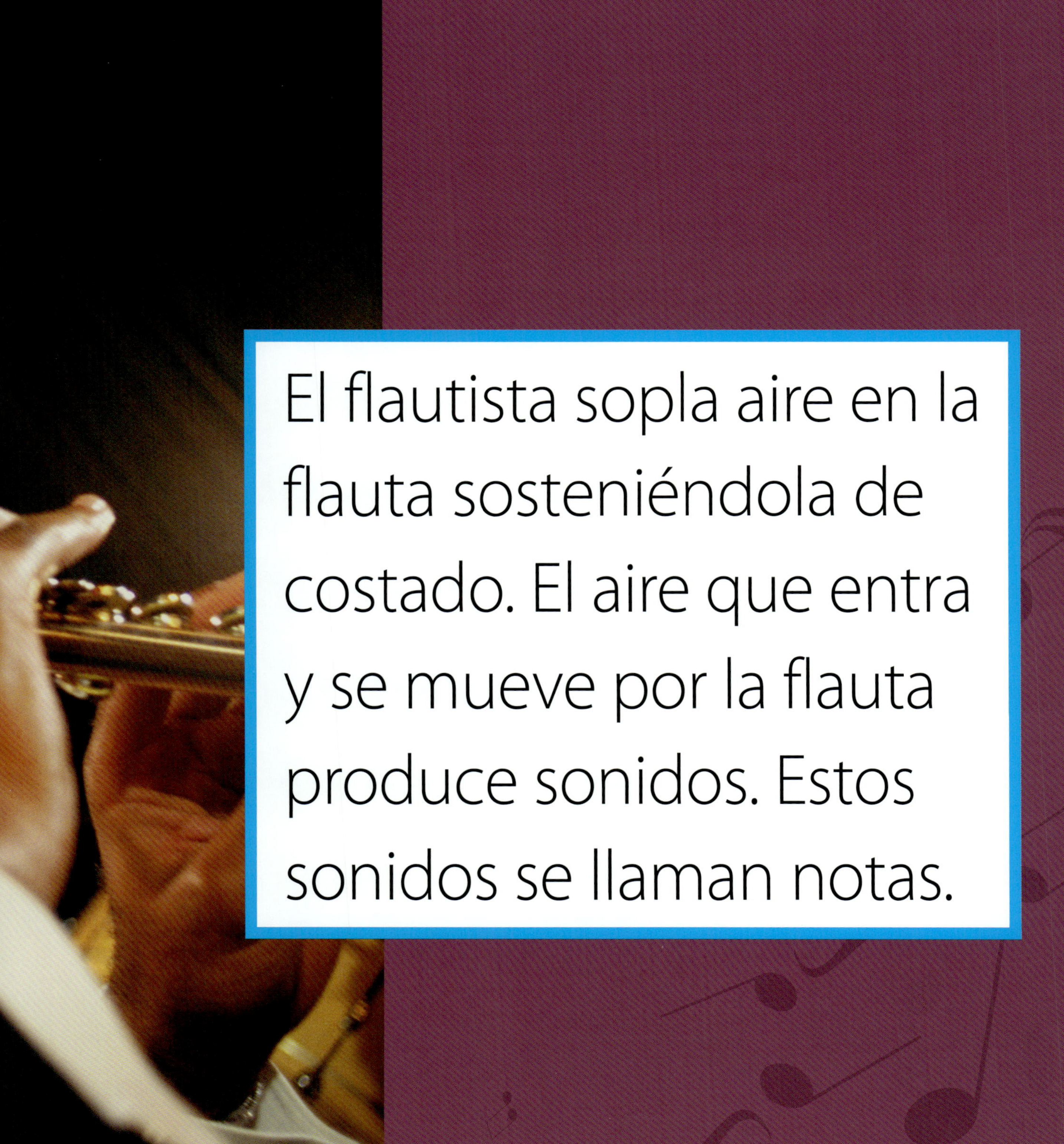

El flautista sopla aire en la flauta sosteniéndola de costado. El aire que entra y se mueve por la flauta produce sonidos. Estos sonidos se llaman notas.

10

Para tocar la flauta, se usan los dedos. Con los dedos, se tapan los agujeros y eso produce diferentes notas.

Algunas flautas son muy pequeñas y hacen un sonido muy agudo. Otras, son mucho más grandes.

La flauta más grande mide unos 26 pies (8 metros) de largo.

Una de las partes de la flauta se llama cuerpo. Parece un tubo largo. La mayoría de los cuerpos de las flautas son de metal.

Hace mucho tiempo, las flautas se hacían con arcilla o huesos de animales. La flauta es uno de los instrumentos musicales más antiguos del mundo.

Se pueden ver flautas en pinturas que tienen más de 600 años.

Met

Algunos niños aprenden a tocar la flauta en la escuela y suelen tocarla en la banda escolar. También pueden tocarla en los coros de flautas.

Las flautas pueden tocarse solas o junto con otros instrumentos. La mayoría de las orquestas tienen flautas. Forman parte de la sección de instrumentos de viento-madera.

Veamos qué has aprendido sobre las flautas.

¿Cuáles de estas imágenes no muestran a una flauta?

Step 1
Go to **www.av2books.com**

Step 2
Enter this unique code
AVR89376

Step 3
Explore your interactive eBook!

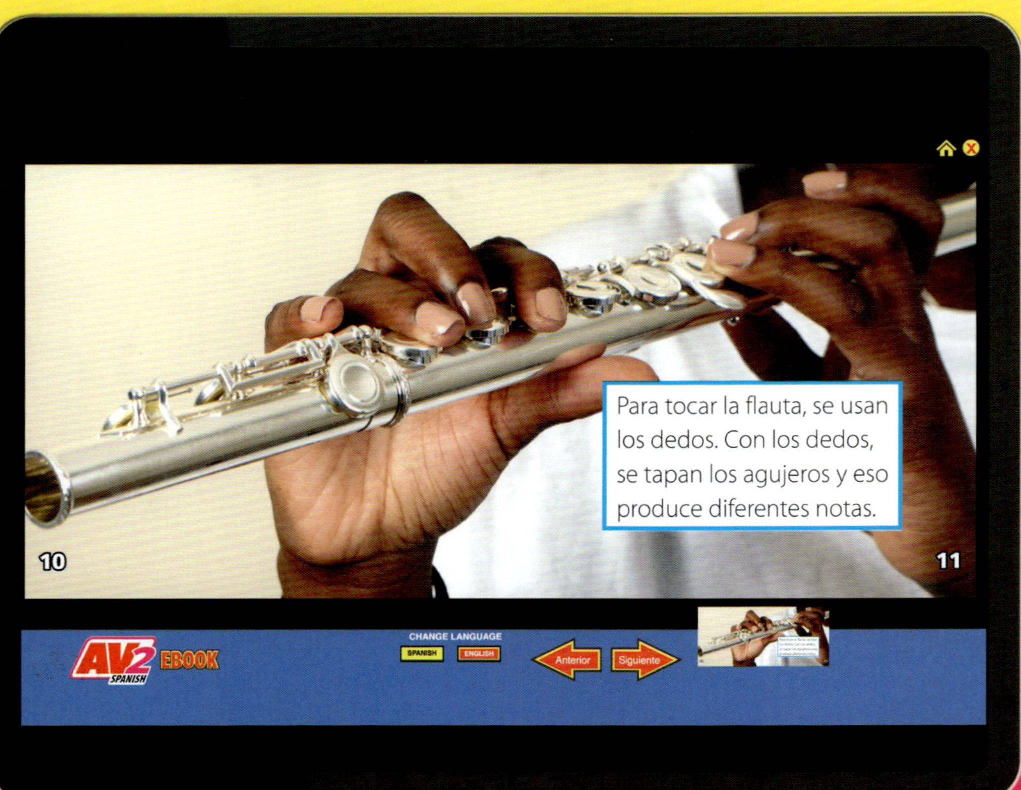

AV2 Spanish is optimized for use on any device

Published by AV2
350 5th Avenue, 59th Floor New York, NY 10118
Website: www.av2books.com

Library of Congress Control Number: 2019955501

ISBN 978-1-7911-2234-8 (hardcover)
ISBN 978-1-7911-2235-5 (multi-user eBook)

Printed in Guangzhou, China

1 2 3 4 5 6 7 8 9 0 24 23 22 21 20

032020
101719

Spanish Project Coordinator: Sara Cucini Spanish Editor: Translation Services USA LLC
Designer: Nick Newton English Project Coordinator: John Willis

AV2 acknowledges Alamy, Getty Images, iStock, and Shutterstock as the primary image suppliers for this title.

View new titles and product videos at www.av2books.com